VENTE JUDICIAIRE

AUX ENCHÈRES PUBLIQUES

En vertu de la loi du 23 mai 1863 et du décret du 29 août 1863

JOAILLERIE

MAGNIFIQUES COLLIERS DE PERLES

Colliers, Boutons d'oreilles, Bracelets, Broches,
Pommes de Canne,
Pendants de cou, Montres et Tabatières en or

Artistiques

ORNÉS DE

DIAMANTS ET PERLES

BELLES ÉMERAUDES, BRILLANTS

RUBIS

EXPOSITION	VENTE
Lundi 19, Mardi 20	Jeudi 22 Décembre
et Mercredi 21 Décembre	Et jours suivants s'il y lieu
de 1 h. à 3 h. 1⁄2	À 1 h. 1/2 précise

Au Palais de la Bourse de Paris

Grande Salle des Courtiers

Entrée sous la Colonnade, côté de la rue de la Banque, Porte n° 47

Par le ministère de M° T. FERRY

COURTIER DE MARCHANDISES
Assermenté au Tribunal de Commerce de la Seine

67, rue Sainte-Anne

PARIS — 1887

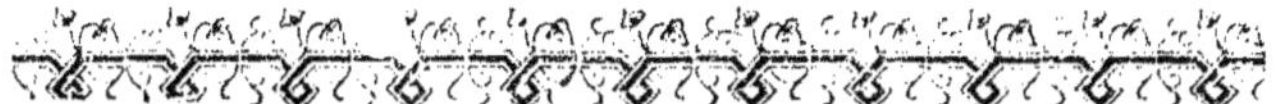

DÉTAIL DE LA VENTE

COLLIERS

1   Un très **BEAU COLLIER** grosses perles entourées de brillants

2   — Une **PARURE PERLE** de fantaisie et brillants, composée de :
1 Collier, 1 Bracelet, une broche, 2 bagues et Boucles d'Oreilles.

3   Une **PARURE PIERRES** de couleur composée de
1 Collier et une paire boucles d'oreilles brillants et pierres de couleur.

4   — **BEAU COLLIER** émeraudes et brillants composé de dix émeraudes entourées de brillants formant chatons carrés reliés entre eux par des ornements brillants et pampilles brillants et roses

5   **BEAU COLLIER** rubis perles et brillants composé de
14 pampilles rivières rubis et brillants avec
14 pendantifs perles rondes et brillants et 14 pampilles perles poires rubis et brillants

6   **COLLIER** 14 perles coquilles entourées de saphirs et
de roses au milieu pendantif une perle coquille
entourée de saphirs et de roses

BRILLANT

7   **1 BRILLANT** forme poire pesant 83 carats 1/4

POMMES DE CANNE

8   **POMME DE CANNE** (petite), or et brillants

9   **POMME DE CANNE** (grande), or et brillants

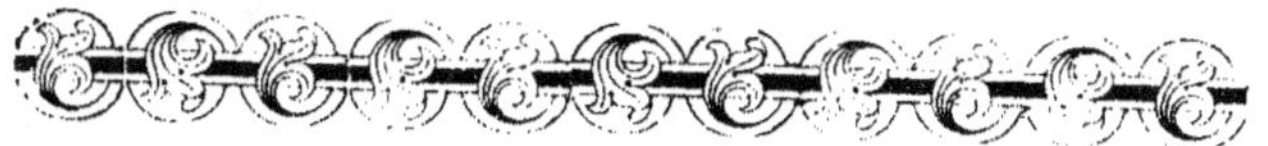

PENDANTS DE COU

10   — Grand **PENDANT** de cou rubis et brillants composé de:
1 rubis cabochon entourage brillants formant gros
chaton entouré de huit gros brillants avec ornements brillants, trois chatons gros brillants en
pendantifs, le tout surmonté d'un rubis poire,
d'un gros brillant et de plusieurs autres brillants.

11   — 1 Grande **BROCHE** pendant de cou, douze gros brillants, composée d'une broche ovale un gros
brillant au centre entouré de dix gros brillants
et de plusieurs brillants et roses, le tout surmonté d'un nœud en brillants avec un gros brillant comme centre

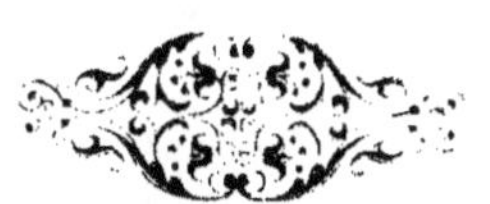

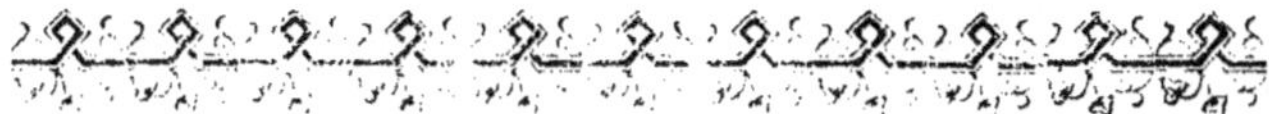

BRACELETS

12   1 **BRACELET** Brossard or et diamants composé de un gros brillant au centre entouré de brillants, dix gros brillants séparés par de petits brillants

13   **BRACELET** porte bonheur, or, orné de 3 rubis, cabochons entourés de roses et 4 brillants.

14   **BRACELET**, gros rubis cabochon entouré de brillants.

15   **BRACELET**, pierres de couleur et brillants, émeraudes saphirs, topazes

16   **BRACELET** pierres de couleur et brillants.

17   **BRACELET** corail, 14 brillants.

17 bis — **BRACELET** corail, 14 brillants

18 — **BRACELET TRÉFLE** pierres de couleur et brillants

19 — **BRACELET PERLE** noire entouré de brillants

TABATIÈRES

20 — **TABATIÈRE PORTRAIT** or émail bleu et enrichie de brillants

21 — **TABATIÈRE** or enrichie de brillants et de grandes roses

22 — **TABATIÈRE** émail rouge enrichie de brillants

BROCHES

23   — **BROCHE** serpent composée de : diamant taillé en rose et gros rubis cabochon entouré de brillants

24   .. **PLAQUE** rubis et brillants

25   — **BROCHE** oiseau de paradis turquoise formant le corps de l'oiseau roses et rubis

25 bis .. Une **PLUME DE PAON** brillants et pierres de couleur

26   — **BROCHE DAUPHIN** coquille perle et roses yeux en rubis

27   — **BROCHE** mouche corps en opales roses et rubis

28   — **BROCHE** tête de chien coquille perle roses et rubis, la tête est une perle ayant la forme d'une tête de griffon

29 — BROCHE [illegible] perles et roses

30 — BROCHE [illegible] perles, [illegible] et roses

31 BROCHE canard [illegible] de perles et roses

32 — BROCHE [illegible] perles, [illegible] et roses

33 BROCHE [illegible] opale, perles et roses

34 BROCHE [illegible] et roses

35 — BROCHE [illegible] perles et roses et saphir

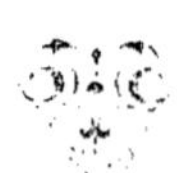

AGRAFE

36   1 AGRAFE représentant une perle composée de coquilles perles, rubis cabochons, émeraudes cabochons, brillants et roses, gros brillant au centre

PENDANTS D'OREILLES

37   PENDANTS D'OREILLES perles et brillants

BOUTONS

38   1 paire BOUTONS PERLES entourage brillants

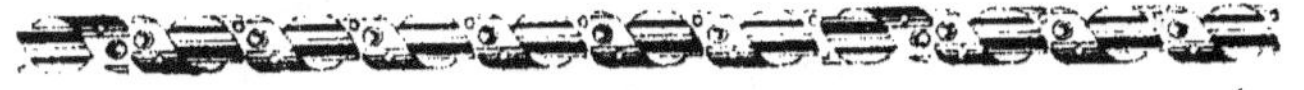

MONTRES

---

39   —   **MONTRE OR,** double boîtier, enrichie de brillants, 2 portraits émail sur les boîtiers, chaîne or avec breloque rubis spinells et roses.

40   —   **MONTRE OR** enrichie d'un rubis entouré de brillants avec ornements roses chaîne or avec boules émeraudes

41   —   **MONTRE OR** enrichie de roses

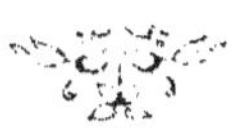

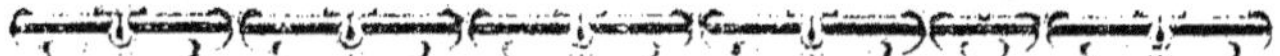

CLAUSES ET CONDITIONS DE LA VENTE

1. Les Marchandises seront vendues au plus offrant et dernier enchérisseur, payables et livrables au bureau du courtier chargé de la vente de 10 heures à midi et de 1 heure à 3 heures, **visibles deux jours avant la vente**. Aussi les acquéreurs ne pourront prétendre à aucune réclamation pour quelque cause que ce soit.

2. Les enchères et le lotissement seront fixés au moment de la vente.

3. L'adjudicataire paiera comptant, en prenant livraison, le principal ainsi que les frais, réglés à 1 fr. **15** c. par 100 fr., soit 0 fr. 15 pour droits d'enregistrement et 1 fr. pour courtage.

4. Faute par l'adjudicataire de prendre livraison dans les trois jours de la vente, la marchandise sera revendue à ses risques et périls, trois jours après la sommation qui lui sera faite de recevoir, et sans qu'il soit besoin de jugement.

T. FERRY

Courtier de Marchandises, près la Bourse de Paris

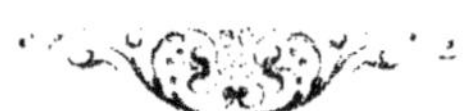

65, rue Sainte-Anne